AF310625

COUP D'OEIL

SUR L'HISTOIRE

DE LA GRAMMAIRE

PAR M. B. JULLIEN

Paris. — Typographie Panckoucke, rue des Poitevins, 14.

COUP D'OEIL

SUR L'HISTOIRE

DE LA GRAMMAIRE.

L'origine de la grammaire, comme celle de presque toutes les autres sciences, se perd dans la nuit des temps. Qui pourrait dire quand et comment a commencé le langage? Diodore de Sicile [1] en place l'origine dans les âges les plus fabuleux; c'est aux dieux, c'est à Mercure en particulier qu'il attribue cette invention (si toutefois c'est une invention). N'est-ce pas déjà dire qu'il est impossible de rien assurer sur ce point?

Sans remonter si haut, n'est-il pas tout aussi difficile d'assigner l'époque où furent formulées, ou seulement reconnues, les règles fondamentales d'une langue ancienne?

L'écriture, même alphabétique, qui, dans l'ordre naturel de nos connaissances, n'a dû se produire que bien longtemps après l'écriture symbolique ou idéographique, remonte chez les Grecs au delà des temps héroïques : des vers très-connus de Lucain [2] en attribuent l'introduction en Grèce à Cadmus, que l'on suppose être venu d'Asie en Europe au milieu du xvi° siècle avant notre ère, et y avoir apporté l'alphabet usité chez les Phéniciens.

Une autre tradition plus ancienne encore et au moins aussi respectable donne cette invention à Prométhée, qui, comme l'Hermès égyptien, dont on lui fait souvent jouer le rôle dans notre occident, devrait avoir vécu plus de vingt siècles avant Jésus-Christ. C'est le vieil Eschyle, qui écrivait près de 500 ans avant le christianisme, qui, dans son *Prométhée enchaîné*, fait prononcer à son héros des vers où il se vante d'avoir trouvé l'art de l'écriture et les combinaisons des lettres [3].

Si l'on ne voulait voir dans ce fils de Japet qu'un mythe, un symbole, un personnage d'imagination, entre lui et Cadmus se trouve l'Égyptien Cécrops, qui fonda le royaume d'Athènes au milieu du xvii° siècle, et qui ne put probablement pas y introduire les arts et les lois de sa patrie sans employer en même temps l'écriture connue dans toute l'Égypte.

Remarquons d'ailleurs que ce n'est pas une conjecture purement spéculative;

---

(1) *Biblioth.*, I, 16, n° 1. liv. V, ch. 57, n° 5.
(2) *Phars.*, liv. III, v. 220. Cf. Diodore, *Biblioth* . (3) *Prométhée*. v. 460.

des témoignages anciens attribuent nominativement à Cécrops cette belle importation. Tacite le met au nombre de ceux que l'on croit avoir doté la Grèce de cette utile découverte [1].

C'est dans le courant du xv° ou au commencement du xiv° siècle avant notre ère, 100 ans environ avant la guerre de Troie, qu'apparaissent les Amphion, les Olen, les Eumolpe, auxquels des traditions confuses attribuent la première invention de ces formes de langage qu'on appelle des *vers*. Qu'était-ce que ces vers à l'origine, lorsque rien peut-être n'en déterminait exactement la mesure ou l'harmonie? C'est ce qu'il paraît bien difficile de dire exactement. Du reste, ils ne tardèrent pas à prendre une forme nettement dessinée. Orphée, selon les uns, selon d'autres la devineresse Phémonoé, trouva bientôt l'hexamètre, ou vers de six pieds, le plus beau, le plus harmonieux des vers usités chez les anciens, le seul peut-être qu'aient admis les poëtes des âges héroïques, Homère, Hésiode et leurs devanciers.

Tandis que la Grèce s'élançait glorieusement, sous la lumière de l'alphabet et le charme de l'harmonie, à la conquête de la science, le Latium déchirait petit à petit ce voile épais d'ignorance qui l'enveloppait de toutes parts. Sous le règne de Janus, c'est-à-dire vers le milieu du xv° siècle, on voit arriver en Italie Saturne, personnage fabuleux, mais certainement grec, qui, chassé du ciel par son fils Jupiter, y venait chercher un asile. C'est lui, selon quelques auteurs, qui aurait enseigné l'usage des lettres aux habitants du Latium.

Selon d'autres, et cette tradition est plus vraisemblable, la connaissance de l'écriture appartient à l'âge suivant; Saturne aurait seulement appris à ensemencer la terre et à faire la moisson, et, de plus, il aurait introduit l'usage d'une monnaie sur laquelle étaient gravés, d'un côté, une tête humaine, de l'autre, un navire [2].

Mais un siècle environ après l'arrivée de Saturne, sous le règne de Faunus, 1300 ans avant notre ère, le génie littéraire des Latins semble s'éveiller. Il trouve cet ancien vers saturnien, vers rude et grossier, qui devait plus tard disparaître entièrement de la prosodie romaine, qui à cette époque paraissait sans doute plein d'harmonie aux sauvages habitants de cette contrée, puisque c'était sur ce mètre que les demi-dieux Faunus et Fauna passaient pour rendre leurs oracles au fond des forêts [3].

A la même époque, l'Arcadien Évandre, fils de la nymphe Carmentis, ainsi appelée à cause de son habileté à composer des vers ou *carmes* (*carmina*), obligé de fuir de son pays, vint comme Saturne chercher un asile en Italie, et apprit le premier aux Italiens à lire et à écrire [4].

L'arrivée d'Énée et d'Anténor n'est postérieure que d'une quarantaine d'années à celle d'Évandre. On peut donc croire qu'en effet, c'est vers cette époque que l'art de l'écriture s'introduisit dans le Latium, ou par ce prince, ou par les

(1) *Ann.*. liv. XI, ch. 14.
(2) Aur. Victor, *Origo gentis rom.*, c. 3.
(3) Varron, *de Lingua lat.*, lib. VII, c. 36; Aur.

Victor, lieu cité.
(4) Aur. Victor, *Origo gentis rom.*, c. 5.

Troyens fugitifs, dont quelques-uns , au moins, devaient connaître les arts de la Grèce.

Ainsi, la science grammaticale des siècles héroïques se borne dans les deux pays de l'antiquité classique, d'une part à la connaissance des lettres et de l'écriture ; de l'autre , à la détermination de certaines formes de langage assez harmonieuses pour qu'on les ait distinguées du langage habituel par un nom particulier.

L'âge suivant n'apporta pas de grands changements dans cette connaissance : quelques distinctions nouvelles dans les lettres ou dans les sortes de vers sont à peu près tout ce que la grammaire peut remarquer entre la guerre de Troie et l'époque de Thalès.

Mais alors arrivent les siècles philosophiques , et en même temps se prépare l'étude théorique du langage.

On ignore entièrement ce qu'ont pu faire Iléus et Lamprus, grammairiens cités par Aristote ; c'est sans doute être bien généreux que de regarder comme très-significatif ce titre qui leur est donné par les anciens [1].

Platon lui-même , qu'on a voulu regarder comme l'un des fondateurs de la grammaire théorique, parce que dans plusieurs de ses dialogues, et en particulier dans son *Cratyle*, il indique quelques questions qui touchent à la connaissance des mots et aux étymologies , est tombé à cet égard dans des puérilités telles, qu'on ne saurait, non plus, le citer comme ayant mérité cette réputation. Thurot [2] le juge très-bien , et très-favorablement , quand il dit qu'on avait encore si peu réfléchi sur l'art de parler et sur celui d'écrire, que Platon paraît avoir eu très-peu de connaissances sur l'origine de ces arts. Il serait juste d'ajouter que l'esprit poétique de Platon, et son imagination souvent désordonnée, le rendaient peu propre à l'examen de ces questions, à la solution de ces difficultés.

C'est réellement Aristote, qui, là comme partout, nous offre le premier modèle d'une science positive, très-peu avancée sans doute, établie du moins sur des observations bien faites. On trouve chez lui un ouvrage entier , le *Traité de l'interprétation*, et divers chapitres de ses *Catégories*, de sa *Poétique*, de sa *Rhétorique*, où il discute des questions de grammaire, et les résout comme on les résoudrait de nos jours.

On prétend qu'il fut aidé dans ses recherches grammaticales par Théodecte, qui avait été son condisciple dans l'école de Platon. Ce qu'il y a de sûr, c'est qu'ils avaient sur beaucoup de points les mêmes idées, et qu'ils reconnaissaient tous deux les mêmes espèces de mots , savoir : les noms, les verbes et les liaisons.

Quintilien, qui nous fournit ce détail [3], ne définit malheureusement pas ces liaisons ; on peut être sûr toutefois qu'une expression si vague ne représentait pas aux grammairiens qui l'employaient une idée bien précise. C'était toujours un grand point d'avoir remarqué ces analogies et ces différences, à l'aide desquelles nous classons nos idées et leur expression.

----

(1) Vossius, *de Arte gramm.*, lib. I, c. 3
(2) *Hermès.*, Disc. prélim., p. xvj.

(3) *Instit. orat.*, lib. 1, c. 4 , n° 18.

Les premiers stoïciens, Zénon, Cléanthe, Chrysippe, qui suivirent de près Aristote, continuèrent son travail et poussèrent plus loin que lui la distinction des mots.

Bientôt vinrent ces professeurs célèbres, ces savants conservateurs de la bibliothèque d'Alexandrie sous les Ptolémées, qui passent avec raison chez les anciens pour avoir le plus avancé l'étude de la science, Zénodote d'Éphèse, Callimaque, l'oncle du poëte ; Ératosthène de Cyrène, Aristophane de Byzance, l'inventeur des accents ; Aristarque de Samothrace, son élève, dont le nom était devenu chez les anciens, et est resté chez nous, synonyme d'excellent critique.

Dès ce moment, c'est-à-dire dans le second siècle avant notre ère, la grammaire prend comme science une forme assez bien définie.

Le plus célèbre des élèves d'Aristarque, Denys de Thrace, est en même temps l'auteur du plus ancien *Manuel de grammaire grecque* qui nous soit parvenu. Jusqu'à lui la grammaire paraît avoir principalement consisté dans l'étude et la critique des textes des anciens auteurs : c'est ce que l'on a nommé la *Grammaire exégétique* ou *historique*. La *Grammaire méthodique*, celle qui range les mots dans un certain nombre de classes et qui nous fait connaître les règles relatives à chacune d'elles, était peu cultivée, ou peu avancée, ou du moins n'attirait pas l'attention des hommes distingués. Denys s'y livra entièrement ; il rédigea un ouvrage divisé en six parties, savoir : 1° la lecture selon les accents ; 2° l'explication des tropes ou figures poétiques ; 3° l'interprétation des dialectes, des mots extraordinaires et de certains points historiques ; 4° la découverte de l'étymologie des mots ; 5° l'exacte recherche de l'analogie ; 6° la manière de juger les poëmes, ce que Denys regarde comme la plus belle et la plus importante partie de son art.

On est frappé sans doute du désordre qui règne dans ce plan. Quelques parties, comme la lecture et l'écriture, appartiennent à la grammaire élémentaire ; d'autres, comme les tropes, les figures, ne sont à leur place que dans l'étude du style et des formes de langage les plus élégantes. L'explication des dialectes et la recherche des analogies rentrent dans la grammaire élémentaire ; la manière de juger les poëmes suppose un cours de critique littéraire et philosophique.

Ce désordre même prouve que la science grammaticale était encore bien nouvelle et fort incomplétement définie ; du moins formait-elle une science réelle, et si nous en avons, depuis, rapporté les parties à des branches diverses de la science du langage, si même nous avons donné des titres différents aux savants qui s'en occupent, nous ne pouvons nier cependant que ce ne fût déjà un ensemble imposant par sa grandeur, et qui méritait à l'auteur de l'ouvrage le titre de grammairien dans le sens où nous le prenons aujourd'hui.

Vers le même temps, Cratès de Mallus introduisit à Rome l'étude de la grammaire. Ce philosophe ayant été envoyé au sénat par le roi Attale, entre la première et la seconde guerre punique, eut le malheur, en se promenant par la ville, de tomber dans un égout et de s'y casser la jambe. Il mit à profit le temps que dura sa convalescence pour ouvrir chez lui des conférences de grammaire, qui furent suivies avec empressement et imitées depuis par les Romains [1].

Les Ælius Stilon, les Servius Clodius, les Varron, les Verrius, ne tardèrent pas à suivre; les hommes les plus considérables des Romains, comme Cicéron et César, donnèrent aussi leurs soins à la grammaire, et cette étude fut bientôt aussi florissante dans l'Italie que dans la Grèce.

Elle se maintint pendant la décadence de l'empire romain, soit en Orient, soit en Occident; elle dura même après sa chute. Divers auteurs avaient, après le temps d'Honorius, reproduit ou développé les théories des grammairiens latins; après la prise de Constantinople, quelques Grecs instruits vinrent en Italie, et y ramenèrent l'amour et l'étude du grec.

Mais ce fut surtout au xvi⁰ siècle, à cette époque du plus grand mouvement peut-être de l'esprit humain, que la grammaire commença, comme tant d'autres choses, à prendre une face nouvelle. On sortit d'abord des routes battues par l'antiquité, c'est-à-dire qu'on ne s'occupa plus seulement du grec et du latin; beaucoup d'écrivains prirent leur propre langue, particulièrement la langue française, pour objet de leurs études. Ils s'évertuèrent à établir dans tous les genres et sur tous les points, ou la vérité absolue, ou l'opinion la plus probable.

Il serait impossible de faire connaître tous ceux qui, à cette époque, s'occupèrent de ces questions; ils sont si nombreux, que déjà on doit les diviser en différentes classes, si l'on veut se faire une idée nette du travail auquel ils se livrèrent.

Les uns, que j'appellerai volontiers *rhéteurs* ou *dissertateurs,* prennent les qualités ou les défauts de la langue pour sujets de dissertations quelquefois solides, souvent plus ingénieuses que graves, la plupart du temps inutiles, quand, par la force des choses, la question se trouve enfin décidée selon ou contre le vœu de l'auteur.

A la tête de ces écrivains se place Henri Estienne, dont les discours ou dialogues *Du langage français italianisé, De la conformité du langage français avec le grec, De la précellence du langage français,* devaient avoir et ont eu en effet une grande réputation, parce qu'ils présentaient, quand ils ont paru, l'intérêt qui s'attache toujours à la polémique.

Les discussions entre Cureau de la Chambre et Belot, rappelées par Ménage, dans sa *Requête des dictionnaires;* celles qui éclatèrent en 1670 et 1671, à l'occasion des inscriptions, entre Desmarest de Saint-Sorlin, d'une part, Santeuil et Commire de l'autre; celles qui s'élevèrent en 1676 entre l'abbé de Bourzéis et Charpentier, à l'occasion de la défense de notre langue par celui-ci, occupèrent aussi, et par la même raison, les contemporains, et sont, comme les pamphlets d'Henri Estienne, oubliées ou délaissées aujourd'hui. C'est le sort commun de toutes ces dissertations où le sujet, presque infini dans son étendue, mal défini dans sa nature, embrasse des questions extrêmement complexes, que per-

---

(1) Suétone, *de Illustr. gramm*, c. 2.

sonne ne peut résoudre d'une manière péremptoire, et qu'on abandonne bientôt parce qu'il n'y a aucune connaissance positive à y acquérir.

Les grammairiens que je nomme *annotateurs,* dans un cercle beaucoup plus circonscrit, font un travail sans contredit plus utile. Ils observent les mots, les locutions, les tours de phrase employés soit par les écrivains, soit par le public, ils en établissent la convenance et la légitimité, ou l'inconvenance et la barbarie, tantôt par la discussion, tantôt en citant des autorités. Comme les scoliastes de l'antiquité dont ils font la fonction, ils ne s'astreignent la plupart du temps à aucun ordre didactique, et l'on ne peut retrouver ce qu'on a lu chez eux qu'au moyen de tables bien faites. Les *Remarques* de Scudéri, et surtout les *Sentiments de l'Académie sur la tragi-comédie du Cid*, les *Remarques sur la langue française*, de Vaugelas, augmentées plus tard de celles de Thomas Corneille, et des *Observations* de Patru [1]; les *Doutes sur la langue française,* par le P. Bouhours [2]; ses *Remarques nouvelles sur la langue française* [3], et la *suite de ces remarques* [4]; les *Synonymes* de l'abbé Girard [5]; les *Remarques sur Racine*, par l'abbé d'Olivet; le *Commentaire sur Corneille*, par Voltaire [3], et une multitude d'autres ouvrages appartiennent à cette catégorie; ils ont tous une utilité directe, et permettent de déployer assez de goût ou d'érudition pour que quelques-uns aient immortalisé leurs auteurs.

Les *étymologistes* pourraient faire à eux seuls une espèce à part; ils recherchent avec soin l'origine et la filiation des mots. Cette partie de la grammaire, qui exige l'érudition la plus profonde et l'attention la plus scrupuleuse, est en même temps l'une des plus utiles quand on a assez de réserve pour ne voir que ce qui est et ne pas s'abandonner aux illusions. Malheureusement il est difficile de résister à son imagination quand on poursuit la trace d'un mot dans les ombres de l'antiquité, et qu'on peut se représenter si facilement des formes qui peut-être n'ont jamais existé, mais que l'esprit crée, quand il en a besoin, à l'instant même. Aussi, bien peu d'étymologistes ont su se défendre de faire des romans, et leur nom, à cause de cela, est souvent pris en mauvaise part, au moins par les esprits sérieux, et qui n'admettent dans les sciences que ce qui est démontré. Ménage, né en 1613, le président de Brosses, né en 1709, Court de Gébelin, né en 1725, ont beaucoup écrit dans ce genre. Barbazan et Lacurne de Sainte-Palaye se sont aussi occupés des étymologies du français, mais l'un et l'autre d'une manière beaucoup plus sérieuse et surtout plus certaine, en s'appuyant sur les recherches faites dans notre ancien langage.

C'est en effet de cette manière seulement qu'on pourra arriver à quelque résultat solide sur ce point difficile : aussi n'y a-t-il plus aujourd'hui, quant à la manière d'étudier, aucun dissentiment parmi nos érudits. Ils ont tous renoncé à ces systèmes préconçus par lesquels ils voulaient retrouver toute notre langue, les uns dans l'hébreu, ceux-là dans le basque, ceux-ci dans le celtique. On laisse aujourd'hui ces imaginations creuses à ceux qui, manquant des connaissances

(1) Paris, 1738, 3 vol. in-12.
(2) Paris, 1674.
(3) Paris, 1675.
(4) Paris, 1692.
(5) 1718.
(6) 1764 et 1774.

positives, tâchent de les remplacer par l'arrangement d'un petit nombre d'idées chimériques. Les vrais savants étudient dans tous nos vieux auteurs les formes réelles de nos mots, et, remontant ainsi de proche en proche à leur forme originelle, indiquent leur étymologie, sinon avec une certitude entière, au moins avec toute la probabilité que peut donner l'expérience, que peut confirmer le grand nombre des exemples.

Les *grammairiens dogmatiques*, dont il nous reste à parler, et sur lesquels nous nous étendrons davantage, sont ceux qui essayent de réunir tous les faits particuliers d'une langue sous un petit nombre de règles générales, ou d'exceptions à ces règles ; ce sont ceux dont les ouvrages ont le plus d'importance, puisque c'est sous leur direction que les langues s'apprennent, et que leurs principes, quand ils sont adoptés, servent de type pour apprécier la pureté du style des écrivains.

Toutefois ces grammairiens dogmatiques doivent encore être divisés en deux classes. Les uns sont des praticiens ; ils ont réuni sous la forme qu'ils ont regardée comme la plus favorable à l'enseignement de l'enfance, les règles déterminées par les grammairiens antérieurs et suivies par la plupart des auteurs. Comme leurs livres sont destinés aux écoles de tous les degrés, il s'en fait quelquefois une consommation incroyable : tel de ces ouvrages, aujourd'hui surtout, est tiré tous les ans à quatre ou cinq cent mille exemplaires. Mais cette vogue extrême n'a rien de durable ; et bien que quelques-uns de ceux qui ont écrit sur la grammaire élémentaire aient été des hommes d'un mérite réel, comme Restaut, par exemple, l'abbé Vallart, de Wailly, Lhomond, cependant, une fois passé le moment de la faveur publique, il n'y a plus rien à en tirer. D'autres méthodes succèdent, quelques changements s'introduisent, soit dans l'orthographe, soit dans la division des espèces de mots ou dans la syntaxe, et l'auteur en vogue dix ans auparavant, est, un peu plus tard, totalement abandonné. Il n'a pas même l'avantage d'être recueilli par les érudits ni les grammairiens philosophes : car, comme il n'a rien dit de son chef, qu'il n'a fait qu'abréger ou mettre en ordre ce que d'autres avaient trouvé ou établi les premiers, c'est à ceux-ci qu'on a recours, c'est à eux qu'on demande non-seulement leurs règles, mais les faits sur lesquels ils les ont fondées, et par la synthèse desquels, lors même qu'ils se sont trompés, ils ont du moins ouvert une route nouvelle à l'esprit humain.

Les grammairiens théoriciens sont donc les grammairiens par excellence, ceux dont la science et le public intelligent tirent le plus d'utilité. Ils font dans leur domaine ce que les vrais savants font dans le leur ; c'est-à-dire qu'après avoir reconnu tous les faits particuliers ou discrets qui forment le langage, ils recueillent soigneusement ceux qui ont entre eux de l'analogie, les réunissent dans des groupes bien déterminés, et formulent ainsi, sous le nom de *règles* ou *principes généraux*, des propositions concrètes, applicables à un grand nombre de ces faits.

La science grammaticale, considérée de ce point de vue, est une des études les plus nobles, les plus utiles et les plus intéressantes dont les hommes se puissent occuper ; car elle permet d'étudier dans son expression la plus naturelle et la plus pure, je veux dire dans le langage, l'esprit humain lui-même, l'objet le plus important, sans doute, de nos études.

Elle a eu dans cette partie, en France surtout, une suite remarquable de représentants illustres. Sans doute ces représentants ne sont pas nombreux; mais la suite n'en est, pour ainsi dire, pas interrompue depuis le quinzième siècle, et tous concourent plus ou moins à élever le grand et beau monument que nous avons aujourd'hui sous les yeux.

Le premier de tous est peut-être l'Anglais Palsgrave, qui publia en 1530, à Paris, une grammaire française sous ce titre : *Esclarcissement de la langue françoyse* [1].

L'année suivante vit paraître la grammaire d'un homme bien plus célèbre, car il est cité par presque tous ceux qui le suivent : c'est le médecin Jacques Dubois, dit *Sylvius,* né près d'Amiens en 1478, mort en 1555, dont la sordide avarice avait tellement irrité ses écoliers, qu'ils affichèrent sur sa porte, le jour de sa mort, un distique de Buchanan, dont le sens était : « Ci-gît Sylvius, qui n'a jamais rien donné gratuitement; et maintenant qu'il est mort, si quelque chose lui fait peine, c'est que tu lises cette épitaphe sans payer. »

Ce médecin n'était pas moins un habile grammairien et un profond humaniste. Il publia, en 1531, chez Robert Estienne, une grammaire française écrite en latin selon l'usage du temps [2], où, au milieu de principes singulièrement hardis, et reconnus aujourd'hui erronés, on trouve de très-bonnes règles, des inventions fort heureuses et des étymologies aussi vraies qu'intéressantes.

Une de ses inventions les plus utiles est peut-être celle de la cédille, quoiqu'on l'attribue en général aux Espagnols. Voici, en effet, comment y arrive Sylvius [3]. Il expose dans son introduction un système d'écriture dont le but est de concilier l'écriture étymologique et la prononciation. Ce système, inadmissible à cause de la complication extrême qu'il mettrait dans l'écriture, consiste à garder partout les lettres étymologiques, et à figurer au-dessus la prononciation qu'on leur donne actuellement. Par exemple, dans *nous lisons,* ce mot venant du latin *legimus,* Sylvius l'écrit *nous ligons;* et, pour qu'on ne se trompe pas sur la prononciation, il place au-dessus du *g* une petite *s,* chargée de représenter le son du mot. On voit tout de suite où nous mène ce système : chaque combinaison de deux lettres est presque pour nous comme une lettre nouvelle à apprendre; et si vingt de nos lettres peuvent ainsi, dans les transformations du langage, être remplacées par dix autres, ce qui n'est peut-être pas dire assez, c'est comme si nous avions à apprendre un alphabet de deux cents lettres; ajoutez à cela le langage primitif et le langage actuel qu'il faut toujours avoir présents à l'esprit, et vous concevrez que le système d'écriture de Sylvius, malgré ce qu'il avait d'ingénieux, n'ait eu aucun succès.

Toutefois, dans quelques circonstances, cette indication peut avoir son utilité. Si, par exemple, une consonne change très-souvent le son qui lui est propre en

<hr>

(1) Voyez dans l'*Histoire des révolutions du langage en France*, par M. Wey (p. 262 à 275), une analyse très-développée de cet ouvrage presque introuvable aujourd'hui.

(2) J. Sylvii.... *in linguam Gallicam isagoge, etc.*
(3) M. Wey (ouvrage cité, p. 280) attribue aussi à Dubois cette invention.

celui d'une autre, comme le *c* que nous sommes forcés de prononcer *s* dans *traça,* *façon, reçu,* et tant d'autres mots, l'idée de mettre une petite *s* au-dessus du *c* était certainement très-avantageuse : c'est ce qu'a fait Sylvius. Depuis nous avons déplacé cette *s,* nous l'avons mise au-dessous du *c,* mais le principe est le même; et si cette invention nous est si commode que nous n'avons rien trouvé de mieux, c'est à Sylvius que l'honneur semble devoir en revenir.

Peu de temps après Sylvius, Étienne Dolet et Louis Meigret publièrent des ouvrages de grammaire intéressants. Dolet, né en 1509 à Orléans, brûlé à Paris en 1546, comme coupable d'athéisme, et plus connu d'ailleurs par des études d'un autre genre, a publié en 1540, à Paris, comme spécimen de l'ouvrage qu'il annonçait sous le titre du *Parfait orateur,* un petit volume contenant trois traités : 1° sur la manière de bien traduire ; 2° sur la ponctuation ; 3° sur les accents. Le caractère impatient et emporté de l'auteur, et les jugements acerbes qui excitèrent tant d'ennemis contre ce poëte et le firent enfin périr d'une manière si abominable, se montrent dans plusieurs de ses pages, et n'empêchent pas que l'ordre dans les idées, la clarté dans l'expression, beaucoup de bon sens dans les définitions et les principes ne le recommandent à ceux qui veulent connaître l'histoire de la grammaire.

Louis Meigret, de Lyon, a publié deux ouvrages curieux et importants ; l'un, qui est de 1545, est intitulé *Traité touchant le commun usage de l'escriture françoise,* et a pour objet la réforme de notre orthographe selon un système dont quelques lignes donneront tout à l'heure une idée ; le second, imprimé en 1550, à Paris, chez Wechel, dans le système orthographique qu'il avait établi quelques années auparavant, est intitulé *Tretté de la grammaire françoèse*[1]. Indépendamment du style, qui a beaucoup vieilli, l'orthographe en rend la lecture pénible ; et c'est fâcheux, car on y trouve, comme je vais le montrer, un grand nombre d'idées saines, dont plusieurs ont été depuis adoptées par les grammairiens les plus habiles.

La première partie, en quatre chapitres, a pour objet les voyelles, les consonnes et les syllabes. Meigret y rappelle ses anciennes critiques sur l'orthographe reçue, et y expose celle qu'il veut employer. On peut remarquer l'emploi de la cédille sous le *ç* lorsqu'il a le son de l's, et l'emploi du même signe, imité depuis par Beauzée, lorsque le *c* doit avoir le son chuintant devant l'*h* : *çheval, çhien.* Meigret se plaint encore avec raison de la confusion qu'on faisait toujours du *v* et de l'*u.* Les deux figures étaient cependant connues et employées dès lors, mais sans distinction généralement avouée, et Meigret n'a pas eu le courage de commencer la réforme pour ces deux lettres, quoiqu'il n'y ait pas manqué pour l'*i* et le *j.*

Après ces préliminaires, vient l'étude grammaticale proprement dite ; il admet huit parties du discours. Les théories sont encore bien obscures et embarrassées chez lui ; toutefois on reconnaît en plusieurs endroits son esprit éminemment critique, et ami de la vérité.

En parlant des substantifs, il dit, par exemple : « Pour ce qui regarde les cas,

---

[1] *Voyez,* dans le livre de M. Wey, un examen très-intéressant de ces anciens ouvrages.

la langue française ne les connaît pas, parce que les noms français ne changent point leur terminaison[1]. » Et plus de deux siècles après lui, l'abbé Vallart et Restaut établissaient encore des déclinaisons françaises.

Sur les adjectifs, Meigret rejetait les comparatifs en *eur*, et les superlatifs en *issime*, qu'on cherchait à introduire de son temps. Toutefois, il remarque fort justement que nous avons en effet quelques comparatifs en *eur* comme *inférieur*, *mineur*, mais qu'ils ne sont comparatifs que par leur sens et leur étymologie, puisque la langue française ne les construit pas avec d'autres mots, comme nos comparatifs ordinaires[2]; il ajoute que nous avons deux manières de faire la comparaison (il entend le comparatif simple, *plus savant que....* et le superlatif relatif, *le plus savant des....*), et que, par l'une d'elles, le comparatif gouvernant son *subséquent* avec *de, du, des,* ou *d'entre,* semble signifier que le comparé est compris sous l'espèce de celui à qui on le compare ; qu'autrement la comparaison ne vaut rien[3]. C'est précisément ce que Beauzée a dit deux cents ans plus tard, quand il a établi que notre superlatif relatif n'était qu'un comparatif étendu à tous les êtres de la même espèce[4].

Son chapitre vi est encore remarquable par l'analyse qu'il y fait de la proposition, qu'il appelle fort justement une *clause*, comme comprenant une pensée bien terminée; par la distinction du sujet, qu'il appelle *surposé* ou *apposé*, et du complément du verbe, qu'il nomme *souposé;* par l'observation que, s'il n'y a pas de cas dans nos substantifs, il y en a certainement dans nos pronoms[5], et que le verbe *être* se distingue des autres en ce que son *souposé*, c'est-à-dire le mot qui vient après lui, est toujours *nominatif*[6], c'est-à-dire que c'est un attribut et non pas un complément; qu'enfin l'infinitif ne peut faire fonction de verbe dans la proposition, parce qu'il n'a aucune signification distincte de temps, de personne, ni de nombre[7].

Certainement l'homme qui, au milieu du xvi⁰ siècle, exprimait d'une manière si ferme des idées si avancées et si justes, n'était pas doué d'un esprit médiocre. L'abbé Gouget, dans sa *Bibliothèque française*[8], juge très-sévèrement Meigret et en parle comme un homme étranger à la science dont il s'agit : « Je n'ai rien dit, écrit-il, des grammaires de Louis Meigret... elles sont si mauvaises, qu'on ne peut en supporter la lecture même de quelques pages. » J'espère que ce jugement ne tiendra pas devant les exemples que je viens de citer.

Gouget dit un peu plus loin : « Robert Estienne, sentant bien qu'on ne pouvait pas plus conseiller la grammaire de Sylvius, que celle de Meigret, en entreprit lui-même une nouvelle. » L'abbé Gouget prête ici à Robert Estienne une intention que sa préface n'indique pas : en effet, il ne rejette pas la grammaire de Meigret ni celle de Sylvius comme mauvaises, mais comme contenant certains principes qui ne sont pas admis; ce qui est bien différent. Meigret, en particulier, avait adopté un système d'écriture que personne ne voulait recevoir,

---

(1) Fol. 20, au verso.
(2) Fol. 28, au recto.
(3) Fol. 28, recto.
(4) *Encyclopédie méthodique* (grammaire et littérature), mot *Superlatif*.

(5) Fol. 49 et 53.
(6) Fol. 49.
(7) Fol. 77.
(8) T. I, p. 48.

que plusieurs peut-être avaient beaucoup de peine à lire. C'était une raison, sans doute, pour qu'un nouvel auteur espérât plus de succès en suivant une autre voie; cela ne faisait pas que Meigret n'eût pas déployé dans son livre beaucoup d'érudition, d'originalité et d'esprit philosophique.

Moins de dix ans après la grammaire de Meigret, en 1558, ou plutôt le 7 décembre 1557, comme on le voit sur la dernière page du livre, Robert Estienne, si célèbre comme imprimeur, si connu même par le *Trésor de la langue latine* publié pour la première fois en 1531 [1], donna en français un *Traité de la langue française*, qui fut tout d'abord, chose singulière, traduit en latin à l'usage des étrangers qui voulaient apprendre le français, et, une douzaine d'années après, en 1569, réimprimé par son fils Henri Estienne.

Thurot, dans le discours préliminaire de sa traduction de l'*Hermès* d'Harris [2], dit un mot seulement de l'ouvrage de Robert Estienne; mais il ne paraît pas l'avoir lu, car il lui attribue les premiers essais de grammaire parmi nous, tandis que l'auteur nomme dans sa préface ceux qui l'ont précédé; dans tous les cas, Thurot ne l'apprécie aucunement. L'objet de Robert Estienne était de suppléer à ce qui manquait à ses devanciers : Les hardiesses orthographiques de Meigret effrayaient, comme je l'ai dit, beaucoup de personnes. Quant à Sylvius, qui était Picard, il donnait comme de bon français beaucoup de locutions qui sentaient son pays. Robert Estienne, qui vivait à Paris et souvent à la cour, voulut donner des modèles du beau langage français; il enseigna, en effet, avec beaucoup de clarté, mais peut-être sans une grande portée de vues, ce que l'on devait savoir alors pour parler correctement notre langue.

Une grammaire qui mérite encore d'être mentionnée, et qui est de quelques années seulement postérieure à celle de Robert Estienne, c'est celle de Ramus ou Pierre de la Ramée, lecteur du roi en l'Université de Paris, dédiée à la reine Catherine de Médicis. Elle fut imprimée en 1572, et se fait remarquer par une bizarrerie singulière. Ramus avait imaginé un système non pas seulement d'orthographe, mais d'écriture pour la langue française, c'est-à-dire qu'il admettait des lettres nouvelles, et donnait à quelques-unes des anciennes une autre valeur que celle qu'elles ont [3].

Sa grammaire est ainsi presque tout entière écrite selon ce système; toutefois, comme il a pensé que la lecture de ces nouveaux caractères pourrait être pénible pour quelques-uns, il a mis à côté l'interprétation en caractères ordinaires.

Les divisions de son livre sont simples, les règles en sont faciles; mais, comme dans la grammaire d'Estienne, il n'y a pas non plus chez lui une grande portée de vues. On y trouve néanmoins des idées très-justes et très-utiles; celle-ci en particulier, que la langue française a dans la juxtaposition des mots une source féconde de composés excellents, comme *sauve-garde, boute-feu, couvre-chef, bride-oie, cure-dent, chausse-pied*, etc.; et que les langues anciennes, si

---

(1) Petit in-folio.
(2) Page lxij.
(3) *Voyez* dans l'ouvrage cité de M. Wey, p. 309 et suiv., une analyse détaillée et bien intéressante de la *Grammaire* de Ramus.

vantées pour la multitude de leurs mots composés, n'en avaient pourtant pas qui présentassent une idée aussi nette que les nôtres [1].

François Sanchez, de Las-Brocas en Espagne, plus connu sous le nom latin de *Sanctius*, né en 1523, et mort en 1601, se fit dans la grammaire une réputation immense par sa *Minerve* [2]. « Cet auteur, dit Lancelot dans la préface de sa *Méthode latine,* s'est étendu particulièrement sur la structure et la liaison du discours, que les Grecs appellent *syntaxe,* qu'il explique de la manière du monde la plus claire, en la réduisant à ses premiers principes et à des raisons toutes simples et naturelles ; en faisant voir que ce qui paraît construit sans aucune règle et par un usage entièrement arbitraire de la langue, se rappelle aisément aux lois générales de la construction ordinaire, ou en exprimant quelque parole qui y est sous-entendue, ou en recherchant l'usage ancien dans les anciens auteurs latins, dont il est demeuré des traces dans les nouveaux ; et enfin en établissant une analogie et une proportion merveilleuse dans toute la langue. Car, il faut remarquer que les parties du discours se peuvent lier ensemble, ou par une construction simple, lorsque tous les termes sont tellement expliqués dans leur ordre naturel qu'on voit clairement pourquoi l'un gouverne l'autre ; ou par une construction figurée, lorsque, s'éloignant de cette simplicité, on use de certains tours et de certaines expressions, parce qu'elles sont ou plus fortes, ou plus courtes, ou plus élégantes, dans lesquelles il y a plusieurs parties du discours qui sont sous-entendues sans être marquées. Et ainsi, ce que doit faire particulièrement un homme qui excelle dans l'art dont nous parlons, c'est de rappeler cette construction figurée aux lois de la simple, et de faire voir que ces expressions, qui paraissent d'autant plus belles qu'elles sont plus extraordinaires et plus hardies, subsistent néanmoins sur les principes de la construction ordinaire et essentielle de la langue, si l'on sait bien l'art de les y réduire.

« C'est ce que Sanctius a fait d'une si admirable manière, que Scioppius, célèbre dans le même art, en fit une estime très-particulière aussitôt qu'il eut vu son livre, et s'est rendu depuis son disciple dans l'excellent livre qu'il a écrit sur cette matière. »

On voit donc que le mérite de Sanctius consista principalement en ce que, cherchant à se rendre raison de tout, il porta constamment dans l'étude de la langue cette analyse philosophique qu'on a depuis transportée dans toutes les langues, et qui a produit la science toute moderne qu'on nomme *Grammaire générale.*

Gérard Vossius, né en 1577, plus érudit sans doute que Sanctius, mais moins original peut-être et moins hardi, suivit cependant ses traces et celles de Scioppius dans son grand et bel ouvrage *Sur la science de la grammaire* [3], où il semble avoir réuni et discuté tout ce qu'ont dit les grammairiens anciens sur les lettres, les mots et les phrases dans la langue latine.

Lancelot ne fit guère, pour ce qui tient au latin, que résumer ce qu'avaient

(1) *Voyez* dans les *Remarques sur la langue française* de M. Francis Wey, t. II, p. 15, à propos d'une histoire de notre orthographe, une notice curieuse, mais fort partiale, de nos anciennes grammaires. Le même auteur a donné depuis, dans son *Histoire des révolutions du langage en France* (1848), un exposé beaucoup plus considérable et plus instructif du même sujet.

(2) Salamanque, 1587.

(3) Amsterdam, 1735, gros in-4°.

dit Sanctius, Scioppius et Vossius dans sa *Nouvelle méthode pour apprendre la langue latine;* dans sa *Nouvelle méthode pour apprendre la langue grecque,* il suivit la même marche.

Mais la *Grammaire générale et raisonnée* qu'il publia bientôt, de concert avec Arnauld, eut une bien autre originalité, et causa dans le monde savant une sensation bien plus vive.

Je ne m'étendrai pas sur la vie de ces deux hommes. Antoine Arnauld, né le 6 février 1612, vingtième enfant d'un avocat célèbre, fut détourné par l'abbé de Saint-Cyran, abbé de Port-Royal, de suivre la carrière du barreau. Il embrassa l'état ecclésiastique, et fut admis, en 1643, au nombre des docteurs de la maison de Sorbonne. La même année vit paraître son traité *De la fréquente communion,* qui souleva des haines si puissantes, que l'auteur fut obligé de se cacher comme un fugitif. A partir de ce moment, objet d'inimitié pour les uns et d'admiration pour les autres, mêlé activement aux querelles théologiques que les doctrines de Jansénius provoquèrent en France, la vie d'Arnauld fut celle d'un chef de parti, et se passa dans la lutte, dans la persécution ou dans l'exil; il mourut à Liége, le 8 août 1694, à l'âge de 83 ans.

Claude Lancelot, né à Paris en 1616, plus jeune qu'Arnauld de quatre ans, fut employé par les solitaires de Port-Royal dans une école qu'ils avaient établie à Paris. Il y enseigna avec distinction les humanités et les mathématiques; il fut ensuite chargé de l'éducation des princes de Conti, et, cette éducation lui ayant été ôtée après la mort de la princesse leur mère, il prit l'habit de Saint-Benoît, dans l'abbaye de Saint-Cyran. Quelques troubles s'étant élevés dans ce monastère, on l'exila à Quimperlé, en basse Bretagne, où il mourut, le 15 avril 1712, à l'âge de 97 ans.

Ces deux savants se rencontrèrent donc à l'abbaye de Port-Royal. Arnauld avait déjà composé avec Nicole, en 1662, *la Logique* ou *l'Art de penser,* un des ouvrages qui honorent le plus le xviie siècle et la philosophie française. Il concourut peu de temps après avec Lancelot à nous donner, sous le nom de *Grammaire générale et raisonnée,* le livre le plus profondément philosophique qui eût été employé dans l'enseignement.

C'est Lancelot qui a rédigé l'ouvrage; mais on peut voir quelle part active Arnauld y a prise, par ces mots de la préface : « Ayant quelquefois trouvé des difficultés qui m'arrêtaient, je les ai communiquées à un de mes amis qui, ne s'étant jamais appliqué à cette sorte de science, n'a pas laissé de me donner beaucoup d'ouvertures pour résoudre mes doutes : et mes questions mêmes ont été cause qu'il a fait diverses réflexions sur les vrais fondements de l'art de parler, dont m'ayant entretenu dans la conversation, je les trouvai si solides, que je me fis conscience de les laisser perdre, n'ayant rien vu dans les anciens grammairiens, ni dans les nouveaux, qui fût plus curieux ou plus juste sur cette matière. C'est pourquoi j'obtins encore de la bonté qu'il a pour moi qu'il me les dictât à des heures perdues; et ainsi, les ayant recueillies et mises en ordre, j'en ai composé ce petit traité. »

Le fond appartient donc en plusieurs endroits à Arnauld, si la forme générale du livre est due à Lancelot. Ajoutez que plusieurs passages de *l'Art de penser* [1] sont le complément nécessaire de quelques théories purement grammaticales, qu'on pourrait trouver un peu resserrées dans la *Grammaire générale*, et vous serez convaincus que les deux auteurs sont absolument inséparables, comme les ouvrages eux-mêmes doivent souvent être réunis.

Quoi qu'il en soit, la *Grammaire générale et raisonnée* était une brillante innovation dans la science. C'était la première fois qu'on exprimait en français ces vérités aujourd'hui communes, que le langage étant l'expression de nos pensées, et les opérations de l'esprit étant partout les mêmes, il y avait des principes généraux auxquels toutes les langues étaient naturellement soumises, et dont on devait pouvoir reconnaître l'empreinte sous l'infinie variété des idiomes. Cette grammaire fut donc accueillie et jugée très-favorablement dès son apparition. Elle fut bientôt traduite dans toutes les langues de l'Europe ; tous les savants étrangers ou nationaux qui eurent occasion d'en parler s'accordèrent à la louer comme un de nos excellents ouvrages ; et l'on peut dire qu'en effet elle marque le point de départ de l'étude philosophique des langues : elle en est le premier traité général. Si dans d'autres ouvrages, comme la *Minerve* de Sanctius, on avait tâché d'appliquer quelques-unes de ces idées à la langue latine ; si, dans quelques passages même de la grammaire de Meigret, nous avons reconnu des idées qui n'auraient pas été déplacées dans un ouvrage plus élevé, nulle part ne dominait encore cette doctrine de la généralité des principes fondés sur l'analyse de notre entendement ; et c'est l'établissement de cette vérité qui fait le mérite impérissable de la *Grammaire générale et raisonnée*.

Il ne faut pas croire, toutefois, après cet éloge, que cet ouvrage nous paraisse aussi excellent qu'il l'a paru jadis ; ce serait une erreur : car indépendamment du style qui a toujours été lourd et embarrassé, et qui, de plus, est aujourd'hui suranné, la science a fait des progrès considérables depuis deux siècles, et nous apercevons aujourd'hui des défauts essentiels qui ne frappaient pas les contemporains. Il serait facile d'en relever quelques-uns ici. Mais cette discussion est bien mieux placée dans un livre de doctrine que dans une narration rapide ; laissons-les donc de côté.

L'abbé Régnier-Desmarais (ou plutôt *Desmarets*, si l'on veut s'en rapporter à ce qu'il dit lui-même dans ses *Mémoires*), né en 1632, donna à la grammaire française une autre direction que Port-Royal. Moins philosophe qu'érudit, moins hardi que savant, il fit pour le français ce que Vossius avait fait pour le latin. Il recueillit avec un soin particulier tout ce que de longues lectures et surtout les recherches qu'il avait faites, comme secrétaire perpétuel de l'Académie française, spécialement chargé de la rédaction du dictionnaire, lui avaient appris sur notre langue, et composa ainsi une série de dix traités très-développés, sur les lettres, l'orthographe, l'article, le nom (substantif et adjectif), le pronom, le verbe, le participe, l'adverbe, la préposition et la conjonction, dont l'ensemble forme sa grammaire. On a dit avec raison de ce livre, que, bien qu'il soit un peu diffus, il contenait en germe ce qu'on a écrit de meilleur sur la pratique de no-

____

(1) Part. 1, ch. 8 ; et part. 11, ch. 1, 2, 3, 5, 8 et 11.

tre langue. C'en est assez, sans doute, pour que les grammairiens philosophes n'oublient pas l'abbé Régnier; et, à ce titre, il méritait d'avoir sa place dans cette galerie d'hommes illustres que j'essaye de faire apprécier ici.

A la même époque que l'abbé Régnier, vivait un autre grammairien célèbre, membre comme lui de l'Académie française : c'était l'abbé de Dangeau, né en 1643. Moins érudit que son confrère, mais plus hardi dans ses idées, plus curieux surtout de trouver des routes ou des combinaisons nouvelles, Dangeau porta son attention sur les points les plus délicats et souvent les plus obscurs de notre langue. Il détermina avec un soin particulier les sons (voyelles ou consonnes) qui appartiennent au français, établit leurs rapports, expliqua leurs transformations; proposa, en conséquence, un système d'orthographe inacceptable sans doute, mais où il y avait des vues excellentes et qui ont été adoptées plus tard. Passant de là à l'étude des mots, et surtout à celle des verbes, il distingua entre eux des différences très-fines, qui avaient échappé à tous ses devanciers ; les classa sous diverses espèces, et leur donna des noms particuliers, dont plusieurs se sont conservés. L'abbé de Dangeau est assurément un des grammairiens français qui ont le plus contribué à perfectionner la partie théorique de notre grammaire.

Le Père Buffier, jésuite, suivit de près Régnier-Desmarais et Dangeau. Né en Pologne, de parents français, en 1661, il se fixa à Paris, après avoir fait un voyage à Rome, et y composa un grand nombre d'ouvrages, recueillis pour la plupart dans un gros volume in-folio, publié en 1732. Parmi ces traités, presque tous oubliés aujourd'hui, il y en a deux qui ont mérité à Buffier une réputation durable : l'un est le *Traité des premières vérités et de la source de nos jugements;* c'est un petit ouvrage de philosophie, d'une clarté admirable : l'autre est sa *Grammaire française sur un nouveau plan,* où il résume en effet la grammaire sous une forme particulière qui ne ressemble à rien de ce qu'on avait jusqu'alors. Ses principes sont quelquefois contestables : sa soumission absolue à l'usage, quel qu'il soit, peut être combattue. Du moins il a présenté toute la science d'une manière à la fois simple et philosophique, et avec autant de clarté qu'il y en a dans son *Traité des premières vérités.*

Dumarsais (César Chesneau sieur), né à Marseille en 1676, perdit son père de bonne heure, et resta entre les mains d'une mère qui laissa dépérir la fortune de ses enfants. Cependant il fit ses études avec succès chez les Pères de l'Oratoire de Marseille. Il entra même dans cette congrégation, mais il en sortit bientôt, et vint à Paris à l'âge de vingt-cinq ans. Il fut reçu avocat en 1704, puis quitta cette profession pour entrer d'abord chez le président de Maisons, plus tard chez le marquis de Bauffremont, et diriger l'éducation de leurs fils. « Le séjour qu'il fit durant plusieurs années dans cette maison, dit d'Alembert, est une des époques les plus remarquables de sa vie, par l'utilité dont il a été pour les lettres. Il donna occasion à Dumarsais de se dévoiler au public pour ce qu'il était, pour un grammairien profond et philosophe, et pour un esprit créateur dans une matière sur laquelle se sont exercés tant d'excellents écrivains. C'est principalement en ce genre qu'il s'est acquis une réputation immortelle. » Voltaire dit la même chose en d'autres termes : « Personne n'a connu mieux que lui la métaphysique de la grammaire; personne n'a plus approfondi les principes des langues. »

En effet, ses qualités dominantes étaient la netteté et la justesse, portées l'une et l'autre au plus haut degré. Il avait l'esprit plus sage que brillant, la marche plus sûre que rapide, et plus propre aux matières qui dépendent de la discussion et de l'analyse qu'à celles qui demandent une impression vive et prompte. L'habitude qu'il avait prise d'envisager chaque idée par toutes ses faces, et la nécessité où il s'était trouvé de parler presque toute sa vie à des enfants, lui avaient fait contracter, dans la conversation, une certaine diffusion qui passait quelquefois dans ses écrits, et qu'on y remarqua surtout à mesure qu'il avança en âge [1]. Dumarsais mourut en 1756, âgé de près de quatre-vingts ans, et emportant la réputation du plus profond grammairien, et de celui surtout qui avait le mieux su faire passer dans toutes les têtes la parfaite intelligence des questions qu'il examinait.

Girard (l'abbé Gabriel), né à Clermont, en Auvergne, en 1678, un ou deux ans après Dumarsais, fut loin d'avoir la profondeur philosophique ni la sagacité de celui-ci. Doué d'un esprit critique, habile à saisir des nuances plutôt qu'à embrasser un ensemble, il avait publié en 1718, avec un succès peut-être exagéré, son *Dictionnaire des synonymes*, que d'autres écrivains ont bien étendu depuis. Ce ne fut que vingt-neuf ans après, en 1747, et lorsqu'il était déjà membre de l'Académie française, qu'il publia deux volumes in-12, sous le titre : *Les vrais principes de la langue française*, ou *la Parole réduite en méthode conformément aux lois de l'usage*. C'est une véritable grammaire, destinée, non pas à être apprise par cœur dans les écoles, mais à discuter toutes les questions qui peuvent se rapporter aux espèces de mots, à la syntaxe, à l'orthographe, à l'agrément du langage, etc. Malheureusement, on peut reprocher à l'auteur et le fond et la forme de son livre : le fond, parce qu'il ne comprend qu'imparfaitement les questions qu'il traite, et les résout le plus souvent à contre-sens ; la forme, parce qu'il y a poussé à l'excès le plus insupportable le ton d'afféterie prétentieuse qui déparait déjà ses *Synonymes*. Il s'était imaginé que ces prétendus agréments de style lui procureraient plus de lecteurs, et quand on lui en faisait apercevoir la discordance avec son sujet, il répondait naïvement : « J'ai mis cela pour les femmes. » Vivant dans la retraite, et étranger au ton des gens du monde [4], il s'était fait et il mettait dans son livre un jargon entortillé qu'il prenait pour de la grâce et de la légèreté.

On ne voit pas trop jusqu'ici quels sont les services que l'abbé Girard a rendus à la science grammaticale, ni quels titres il peut avoir à la reconnaissance de la postérité. Il en a pourtant d'incontestables: le premier, c'est de s'être élevé avec énergie et dès l'abord contre l'imitation déplacée de la grammaire latine [3]; le second, c'est d'avoir recommandé partout et pratiqué, quant à lui, cette indépendance de jugement [2] sans laquelle les sciences n'auraient jamais fait un

---

(1) D'Alembert, *Éloge de Dumarsais*.
(2) *Préf.*, p. v; et *Disc.* I, p. 36.
(3) *Disc.* I, p. 34, 35.
(4) D'Alembert, *Éloge de Girard*.

pas. Il peut se tromper, sans doute, et se trompe en effet souvent : du moins n'a-t-il jamais cette superstition des préjugés qui nous fait accepter une opinion pour bonne par cela seul qu'elle est ancienne. Il ne mérite pas moins d'éloges toutes les fois qu'il rappelle au bon sens, ou du moins à la justesse du raisonnement, ceux qui s'en écartent, quand il défend les principes généraux de la grammaire contre ceux qui veulent les renverser. Bref, s'il n'a pas cette grandeur de conception, cette vigueur d'intelligence qui fonde les théories générales et fait les grammairiens du premier ordre, on ne peut lui refuser cette critique courageuse qui reconnaît et poursuit le mauvais ou le déraisonnable, et prépare ainsi la place pour y recevoir enfin le bon et le vrai.

Olivet (Joseph Thoulier d'), né à Salins en 1682, mort en 1768, entra de bonne heure chez les jésuites, où il avait un oncle distingué par son savoir. Après y avoir essayé ses talents en divers genres, il quitta cette compagnie célèbre à l'âge de trente-trois ans. Il vint à Paris pour vivre dans le sein des lettres. L'étude de la langue française et celle de Cicéron, pour lequel son amour était devenu un véritable enthousiasme, occupèrent dès lors tous ses instants. Nous n'avons pas à parler ici des éditions qu'il donna ni des traductions qu'il fit du prince des orateurs romains. Les ouvrages de grammaire proprement dits qu'il a laissés sont en petit nombre et de peu d'étendue. Ce sont : 1° une *Prosodie française*; 2° des *Essais de grammaire*; 3° des *Remarques critiques sur Racine*.

Ces trois ouvrages ne manquent pas de mérite ; ils sont en général utiles, surtout quand on se borne à les consulter, parce qu'on y trouve des faits grammaticaux très-certains ; mais d'Olivet échoue entièrement quand il veut donner la raison philosophique des choses, ou même analyser les difficultés, ou déterminer des nuances un peu délicates. C'est là un travail beaucoup trop élevé pour lui, et dans lequel il est à une distance infinie de Dumarsais. C'est donc à tort qu'on le regarde quelquefois comme un des habiles grammairiens de son siècle : c'était un érudit, et voilà tout. Ses travaux sont estimables, mais ils n'ont pas avancé la science.

Restaut, né en 1696 et mort en 1764, ne doit pas nous occuper; il a mis par demandes et par réponses à l'usage des écoliers, en un gros volume in-12, les principes de Régnier-Desmarais et du Père Buffier. Son ouvrage, fort estimé autrefois, n'ayant rien d'original, nous devons le passer sous silence.

Duclos, né en 1704, mort en 1773, et qui fut à son tour, comme Régnier-Desmarais, secrétaire perpétuel de l'Académie française, n'a fait d'ouvrage grammatical que ses *Remarques sur la grammaire générale de Port-Royal*. C'est en 1754 qu'elles parurent. Quoique tous les grammairiens qui l'avaient précédé eussent profité du travail de Lancelot, et en eussent même quelquefois combattu les principes, il était le premier qui le reprît avec l'intention formelle de l'examiner depuis le commencement jusqu'à la fin.

Dans le même temps à peu près, l'abbé Fromant, chanoine de Notre-Dame et principal du collége de Verdun, faisait sur le même ouvrage un travail de révision du même genre, mais qu'il avait conçu bien différemment, et qui, beaucoup plus long que celui de Duclos, mais bien moins philosophique, est loin d'avoir la même valeur que celui de notre académicien.

Les *Remarques* de Duclos sont donc devenues classiques; elles accompagnent toujours la *Grammaire de Port-Royal,* et montrent à celui qui compare les deux textes, combien les idées avaient avancé dans l'espace d'un siècle, combien la pensée était plus nette et exprimée avec plus de précision.

Toutefois Duclos n'est pas, non plus, irréprochable. Il y a des choses qui sont parfaitement comprises aujourd'hui, et que lui-même ne comprenait qu'imparfaitement. C'est la condition commune des sciences : les derniers venus voient mieux et plus nettement ce qui a souvent échappé aux plus sagaces de leurs devanciers.

Harris, né en 1709, mort en 1781, a publié, sous le titre d'*Hermès,* des recherches philosophiques sur la grammaire universelle. Cet ouvrage, traduit par Thurot, et enrichi par le traducteur d'un discours préliminaire considérable et de notes importantes, jouit depuis longtemps d'une réputation supérieure peut-être à son mérite. L'auteur était fort érudit; il connaissait bien les grammairiens anciens, et recueillait avec soin, chez eux, les définitions et les règles qu'il croyait pouvoir s'appliquer à son plan. Mais, en général, il approfondit peu les questions difficiles de la grammaire, et se perd fort souvent dans des rêveries métaphysiques contre lesquelles le traducteur est obligé de nous prémunir[1].

Condillac, né en 1715, mort en 1780, a porté dans la grammaire cet esprit de clarté et d'analyse qu'il avait mis dans les matières purement philosophiques. Sa grammaire est fort remarquable, quoique assurément elle ne mérite pas tout à fait l'éloge que Thurot, dans le discours préliminaire de l'*Hermès*[2], en fait en ces termes : « La grammaire de Condillac est, sans contredit, l'ouvrage le plus parfait qui existe en ce genre dans aucune langue. Elle est divisée en deux parties. Dans la première, l'auteur, partant de la simple sensation, explique en peu de mots, et pourtant d'une manière extrêmement claire et même très-élémentaire, l'origine et la génération de nos idées et des opérations de notre âme. Il montre par quelles combinaisons se forme la proposition dont l'analyse est le sujet de la grammaire simple ou élémentaire. Il passe ensuite à l'analyse du discours, et, commençant par le langage d'action qui est le résultat nécessaire de notre organisation, il fait voir comment les hommes ont été conduits à imaginer des signes artificiels et non pas arbitraires. Une loi aussi simple qu'universelle, l'analogie, a dirigé, sans qu'ils s'en doutassent, les inventeurs des langues dans la création des signes artificiels. De ces considérations générales sur la formation des langues et sur leurs progrès, Condillac passe à celles qui ont pour objet l'art d'analyser nos pensées, et démontre que les langues elles-mêmes ne sont que des méthodes analytiques plus ou moins parfaites: idée heureuse et qui peut devenir féconde en résultats importants. Enfin il développe les parties de la proposition considérées comme éléments grammaticaux du discours, et dans tous ces développements brille une philosophie profonde et lumineuse, et surtout cette analyse ingénieuse et sûre qu'aucun écrivain n'a possédée au même degré

____

(1) *Voyez* les notes, p. 323 et 345.   (2) Page c à cij.

que Condillac. La seconde partie de sa grammaire renferme les applications des principes exposés dans la première : il s'y rapproche davantage des grammairiens qui l'avaient précédé, et particulièrement de Dumarsais, de Beauzée et de Duclos. »

Cet éloge est assurément fort bien fait, et tel qu'on pouvait l'attendre d'un philosophe comme Thurot, l'un des derniers et des plus savants partisans des doctrines de Condillac ; mais on voit dans cet éloge même que l'auteur a considéré la grammaire comme une science purement philosophique, comme réglant l'expression analytique de nos pensées. Elle est cela, sans doute ; mais elle est aussi autre chose, savoir, la science des langages tels qu'ils sont. Son objet n'est pas de dire seulement comment nos jugements doivent s'exprimer, mais comment ils s'expriment réellement. Celui qui ne verra dans la science que des principes abstraits, comme celui qui ne suivra que l'usage sans s'occuper des causes qu'il peut avoir dans la nature de notre entendement, n'apercevra que la moitié de la tâche. La véritable difficulté, c'est de faire marcher les deux choses ensemble, et de trouver le tour au moyen duquel une langue donnée est l'expression la plus régulière à la fois et la plus simple des opérations de notre esprit.

Voilà pourquoi Condillac, qui, comme philosophe est bien au-dessus de Dumarsais et de Beauzée, est au-dessous d'eux comme grammairien, parce que, laissant de côté les langues positives, il n'a, pour ainsi dire, voulu y étudier que notre entendement.

Beauzée (Nicolas), né à Verdun le 8 mai 1717, mort à Paris le 25 janvier 1789, fut un des grammairiens les plus célèbres du xviiie siècle. Il avait déjà donné au public la *Grammaire générale* ou *Exposition raisonnée des éléments nécessaires du langage*, en 2 vol. in-8°, lorsque la mort de Dumarsais, qui avait fourni les articles de grammaire pour l'*Encyclopédie*, engagea les encyclopédistes à recourir à Beauzée pour revoir et compléter les articles de son prédécesseur. Beauzée fit ce travail en conscience, laissant subsister les articles de Dumarsais, et y ajoutant ou y opposant ses idées quand l'occasion se présentait, n'hésitant pas à sacrifier sa manière de voir quand, après un mûr examen, elle ne lui paraissait pas aussi juste qu'il l'avait cru d'abord, signalant lui-même tout le premier les variations que l'on pouvait observer dans ses théories. Le lecteur trouve à cette disposition un grand avantage : il peut juger des progrès de la science et de ce qu'un savant postérieur ajoute à celui qui l'a précédé. Sans vouloir faire ici de Beauzée l'égal de Dumarsais, qui est peut-être le premier des grammairiens français, on peut dire qu'il lui est supérieur dans presque tous ses articles, en ce que partout où il le corrige il le corrige bien et donne des idées plus justes et plus précises ; si son style est souvent d'une abstraction fatigante, d'une métaphysique trop recherchée, on ne peut douter que ses vues ne soient presque toujours plus exactes, qu'enfin la science n'ait marché entre ses mains, et que ceux qui viennent aujourd'hui ne doivent prendre la grammaire au point où Beauzée l'a mise. L'instituteur Lemercier, qui a publié en 1806 une lettre bizarre « sur la possibilité de faire de la grammaire un *art-science* aussi certain dans ses principes et aussi rigoureux dans ses démonstrations que les *arts-scien-ces physico-mathématiques,* » devait apprécier particulièrement ce caractère du génie de Beauzée : aussi le proclame-t-il *le plus grand de tous les grammairiens tant anciens que modernes sans exception* (p. 316). Cet éloge est exagéré ; Beauzée n'a pas cette admirable clarté de Dumarsais dans l'exposition des idées nouvelles, ni cette portée philosophique de Port-Royal, ni l'inépuisable érudition de Vossius ; ce qu'il a, ce qu'il possède à un degré éminent, c'est l'étroite liaison des principes et de leurs conséquences, la déduction logique des définitions, en un mot tout ce qui distingue un métaphysicien subtil, un logicien rigoureux. C'est là ce qu'il a introduit dans la science ; c'est là le progrès qu'il lui a fait faire.

Beauzée nous montre, du reste, dans le tableau qu'il a placé à la fin de l'*Encyclopédie*, et dans celui qu'il a mis au mot *Grammaire,* comment il concevait cette science, et qu'elle étendue elle prenait dans son esprit : on en verra avec plaisir ici les principales divisions. — I. *Parole prononcée ou écrite,* ce qui comprend : (*a*) les éléments de la parole, les lettres, voyelles et consonnes ; (*b*) les combinaisons de ces éléments ou les syllabes ; (*c*) l'écriture ; (*d*) la lecture. — II. *Parties d'oraison,* savoir : (*a*) les mots déclinables, noms, pronoms, adjectifs, verbes ; (*b*) les indéclinables, prépositions, adverbes, conjonctions, interjections. — III. *Syntaxe,* où se trouvent : (*a*) les éléments de la syntaxe, ou les accidents de genres, nombres, cas, degrés de signification, personnes, temps, modes et voix des verbes ; (*b*) la connaissance de la proposition ; (*c*) les règles de la syntaxe. — IV. *Le langage figuré* ou *les figures de grammaire,* savoir : (*a*) les métaplasmes ; (*b*) les tropes ou figures par changement d'acception ; (*c*) les figures de construction ou de syntaxe ; (*d*) celles d'élocution, appelées ordinairement *figures de mots.* — V. *L'étymologie.* — VI. *L'application des principes aux langues :* (*a*) langues particulières ; (*b*) étude des langues ; (*c*) orthographe. — VII. *Remarques particulières sur la langue française.* — Assurément voilà le plan d'une science très-vaste, et telle que la pouvait embrasser un homme d'une grande portée d'esprit comme Beauzée. Il n'est donc pas étonnant que les encyclopédistes aient eu recours à lui pour continuer le travail de Dumarsais. Ils lui ont d'ailleurs donné une preuve de leur estime en le faisant entrer à l'Académie française à une époque où la piété était un titre d'exclusion. Beauzée, qui avait toujours rempli avec exactitude ses devoirs de chrétien, y fut reçu, comme le lui dit d'Alembert, parce qu'on n'avait trouvé personne qui eût dans sa partie un mérite égal au sien.

Des autres ouvrages de Beauzée, il n'y en a qu'un qui nous intéresse sous le rapport de l'étude du langage : c'est une nouvelle édition des *Synonymes* de l'abbé Girard, en 2 vol. in-12. Le second volume, entièrement neuf, appartient en grande partie à Beauzée.

A la même époque à peu près que Beauzée, vivait un homme bien respectable, dont je place ici le nom pour rappeler seulement les dissentiments qui éclatèrent entre eux, car il n'a rendu aucun service à la grammaire philosophique : c'est l'abbé Lhomond, né en 1727, mort en 1794. Tout le monde connaît sa

petite grammaire française et sa grammaire latine. Les deux ouvrages sont ré-
digés dans le même esprit, celui d'un bon professeur de sixième (car Lhomond
n'a jamais voulu faire d'autre classe) qui veut seulement enseigner à ses élèves
comment on doit s'exprimer dans telle ou telle circonstance, mais qui se garde
bien d'examiner s'il y a en effet dans la nature de notre esprit une analogie
qui nous fait nous exprimer ainsi. Ses règles sont donc toutes matérielles, à ce
point qu'on les a très-justement comparées à de petites recettes, dont on prend
l'une ou l'autre selon la phrase qu'on a besoin de composer.

On conçoit combien cette manière d'enseigner les langues devait paraître
mauvaise à Beauzée, qui, en effet, sans nommer Lhomond, y fit plusieurs fois
allusion dans les articles de l'*Encyclopédie*, et appliqua même à ceux qui sui-
vaient cette routine de nos basses classes, l'épithète de *rudimentaires*, d'autant
plus piquante que la grammaire de Lhomond, comme celle de Tricot, comme
celle de Bistac, était connue sous le nom de *rudiment.*

Lhomond sentit le coup ; il y répondit dans la préface de sa grammaire latine,
où prenant les définitions très-abstraites de Beauzée et les dépouillant des ex-
plications et des développements que l'auteur y joignait dans ses articles, il de-
manda si de pareilles définitions pouvaient convenir à l'enfance, si même bien
des hommes faits y pouvaient rien comprendre.

Cette querelle s'est terminée comme tant d'autres : Beauzée est toujours
l'homme supérieur ; et ceux qui l'ont une fois compris trouvent qu'en effet le
temps qu'on passe à étudier Lhomond est entièrement perdu, excepté pour la
connaissance matérielle et purement mnémonique de quelques tournures et de
quelques mots latins.

Néanmoins, ce dernier a continué de dominer dans les basses classes de nos
colléges, et, on peut dire aussi, dans celles de nos pensionnats de demoiselles,
parce qu'il est, en effet, facile à apprendre par cœur ; et qu'il ne s'est présenté
personne qui en conservant à ses ouvrages leurs qualités, leur donnât celles
qui leur manquent, et préparât ainsi dans l'enseignement de la grammaire élémentaire une modification que tous les amis éclairés de l'enfance désirent
depuis longtemps.

De Tracy, né en 1754, mort en 1836, a fait de la *Grammaire* la seconde
partie de ses *Éléments d'idéologie.* Disciple et continuateur de Condillac, il a
vu la grammaire comme l'avait vue son maître, c'est-à-dire que l'idéologie proprement dite étant pour lui la science de la formation de nos idées, la grammaire est celle de leur expression, la logique celle de leur déduction. On
comprend qu'à ce point de vue, la grammaire est avant tout une étude
abstraite et philosophique. Les langues prises en elles-mêmes n'y sont presque
rien : aussi son premier chapitre a-t-il pour objet « la décomposition du discours
dans quelque langage que ce soit; » et le second, « la décomposition de la proposition, dans tous les langages, principalement dans le langage articulé, et spécialement dans la langue française. » Sa grammaire doit donc être étudiée avec
soin par tous les grammairiens avancés; mais elle n'est grammaire qu'en ce qui
tient aux définitions et aux principes généraux : les applications y manquent, et

quand on veut les faire, on est quelquefois forcé de s'écarter un peu des indications de l'auteur.

Ici se termine, si je ne me trompe, la série des grammairiens originaux et supérieurs, dont les ouvrages ont mérité et mériteront l'attention et même l'étude des vrais amis de la science.

Quelques autres, comme l'abbé Sicard, Domergue, de Sacy, Lemare, ont mérité et obtenu de la réputation, mais sans avoir exercé une influence durable sur la science elle-même. L'abbé Sicard n'a guère été qu'un expositeur habile et qui se faisait entendre avec intérêt. Domergue et Lemare ont été trop souvent des esprits bizarres, qui, poussant à l'extrême un principe contestable, sont arrivés, sans émettre aucune idée réellement neuve, à des méthodes impossibles, quelquefois même à des formes de style barbares.

De Sacy, né en 1758, mort en 1838, a rédigé, sous le titre de *Principes de grammaire générale mis à la portée des enfants,* un petit volume estimable, où il expose, aussi clairement qu'on le peut désirer, les principes de quelques-uns de nos habiles grammairiens. Mais il n'y a rien de neuf dans son livre ; quelquefois sa terminologie est bizarre ou peu utile ; souvent aussi ses décisions pourraient être plus justes, plus conformes à la saine logique ; c'est ce qui fait que, malgré son mérite, l'ouvrage de de Sacy n'a qu'une autorité médiocre.

La liste de ceux qui ont fait avancer la science grammaticale est donc en réalité assez courte, et ce n'est pas un mal. Les génies créateurs, en quelque genre que ce soit, seront toujours rares ; ils le sont dans la grammaire comme partout ailleurs.

Mais comme ce sont les seuls qui élèvent, en définitive, un monument durable à l'étude et à la connaissance des langues, c'est leur nom que la postérité voudra connaître ; eux seuls pourront donner quelque gloire à leur patrie ou à leur époque : c'est enfin à leurs travaux que devront s'attacher les grammairiens habiles. Voilà pourquoi cette histoire rapide des progrès de la science a pu se réduire à l'énumération des hommes supérieurs et à l'indication de leurs travaux. Quoique bien resserrée, cette notice n'avait pas encore été faite ; et nous avons cru que nous ne pouvions mieux introduire nos lecteurs à l'étude de la grammaire raisonnée, qu'en leur présentant le tableau des progrès que la science a faits, et les noms de ceux qui les ont fait faire.

9 782019 276720